AF498352

MÉMOIRE

POUR

LE COMTE DE CAGLIOSTRO,

DEMANDEUR:

CONTRE

Me CHESNON, LE FILS,

COMMISSAIRE AU CHÂTELET DE PARIS;

ET LE SIEUR DE LAUNAY,

Chevalier de l'Ordre Royal & Militaire de S.-Louis; Gouverneur de la Bastille, Défendeurs.

Il est parti, accoutumé à se soumettre, sans murmure, aux volonté. des Rois. *Page* 37.

A PARIS,

De l'Imprimerie de **Lottin**, *l'aîné*, & de **Lottin** *de S.-Germain;*
Imprimeurs Ordinaires de la **Ville**, rue S.-André-des-Arcs, N° 27.

M. DCC. LXXXVI.

MÉMOIRE

POUR le Comte DE CAGLIOSTRO,
Demandeur :

CONTRE Me CHESNON, *le fils*, *Commiffaire*
au Châtelet de Paris ;

ET *le fieur* DE LAUNAY, *Chevalier de l'Ordre*
Royal & Militaire de Saint-Louis, Gouverneur
de la Baftille, Défendeurs.

DÉCLARÉ innocent par un Arrêt folemnel, fuppofé
coupable par le coup d'Autorité qui m'exile, par quelle
fatalité fuis-je obligé de faire encore entendre ma voix dans
les Tribunaux François ?

La négligence inconcevable de deux Officiers chargés,
chacun dans leur diftrict, de faire exécuter les ordres du

A 2

Roi, a été caufe qu'une partie confidérable de ma fortune m'a été enlevée. Je n'attaque point leur honneur; mais je pourfuis contre eux fans aigreur·& fans animofité la réparation du préjudice que les fautes qu'ils ont commifes m'ont occafionné. Accoutumé à faire des facrifices, j'aurois gardé le filence dans cette occafion, fi je n'euffe confulté que mon propre intérêt. Mais ma fortune eft le patrimoine des malheureux; &, lorfque je fais mes efforts pour la conferver, ce font leurs droits que je défends.

Si j'étois moins connnu, je craindrois peut-être que l'on n'attribuât l'Action que j'ai formée à un efprit de vengeance; mais l'eftime publique me raffure. Renfermé fous les verrous de la Baftille, je n'ai pas craint de dénoncer aux Magiftrats la conduite du Commiffaire qui a le département de cette prifon, & celle du Gouverneur à la difcrétion duquel je me trouvois. J'ai annoncé dès lors ce que j'exécute aujourd'hui. Libre & honoré, comme je devois m'attendre à l'être, les Tribunaux m'auroient entendu; exilé, profcrit, ils m'entendront encore. Ni l'exil ni les fers ne me feront jamais commettre une injuftice, mais auffi ni l'exil ni les fers ne me forceront jamais d'abandonner une réclamation jufte, que je crois utile, & dont je fuivrai l'effet jufqu'à ce que les Tribunaux ayent prononcé entre mes Adverfaires & moi.

F A I T.

Le 23 Août 1785, le Commiffaire Chefnon fe tranfporta dans ma maifon, fuivi d'un Exempt & de huit hommes de la Police; il me dit qu'il avoit ordre de me faire conduire chez M. le Lieutenant de Police. Le nombre de gens dont il étoit accompagné, me fit foupçonner qu'il étoit queltion de quelque chofe de plus férieux. Je le pris en particulier, & lui demandai s'il n'y avoit pas d'ordres contre mon époufe ; il me raffura en me donnant fa parole d'honneur qu'il n'y avoit d'ordres que contre moi feul.

Il me demanda mes clefs, & m'obligea d'ouvrir mon fecrétaire ; ce que je fis en effet. Il s'y trouvoit différents médicaments, & entre autres fix bouteilles d'un baume précieux (1). L'Exempt, nommé *des Brunières*, s'empara, en ma préfence, des objets qui lui convenoient, & notamment de quatre bouteilles de baume (2). Les Sbires, qu'il avoit amenés, imitèrent leur Chef, & le pillage commença. Je voulois refermer mon fecrétaire, le Commiffaire m'en empêcha. Je demandai, pour toute grace, la permiffion de me fervir de ma voiture pour aller où je devois être conduit : on me la refufa. Je me réduifis à demander du moins la faveur de monter en fiacre dans ma cour ; même refus. Le Commiffaire, jaloux de montrer fa proie à la populace affemblée, voulut que je fiffe à pied une partie du chemin ; fes ordres furent exécutés avec la dernière rigueur. Quoique ma foumiffion fût entière, & que je ne fiffe pas l'ombre de la réfiftance, des Brunières me prit par le collet de mon habit, & me traîna le long des boullevards.

Des piftolets d'arçon étoient dans fes poches d'habit,

---

(1) Il y entre de l'effence de rofes, de l'effence de canelle, & d'autres aromates très-coûteux.

(2) M. le Prince de L. voulut bien fe charger d'inftruire M. le Lieutenant de Police de cette voie de fait ; & ce Magiftrat, après avoir vivement femoncé des Brunières, l'obligea de rendre les quatre bouteilles de baume, les goûtes, & autres médicaments dont il s'étoit emparé.

des piftolets de poche dans fes gouffets; il avoit eu l'affec-
tation d'en laiffer fortir les croffes; &, comme fi ce ridicule
appareil n'avoit pas fuffi pour le raffurer, quatre alguafils
m'entouroient, me preffoient & veilloient fur tous mes mou-
vemens.

Pour mieux tromper ma femme & les gens de ma maifon, l'on me fit prendre le chemin diamétralement oppofé
à celui du lieu que j'allois habiter. Je remontai le boulle-
vard depuis la rue Saint-Claude, jufques vis-à-vis la rue
Notre-Dame de Nazareth. Ce fut là où je trouvai le Fiacre
qui me conduifit à la Baftille.

Le Commiffaire étoit refté chez moi avec le refte de fa
troupe; il attendit que des Brunières & fon efcouade fuffent
de retour. Alors il fait fortir toutes les perfonnes qui étoient
dans l'appartement de la Comteffe de Caglioftro, fans en
excepter fa Femme-de-Chambre; devenu le maître de ma
maifon, & n'ayant pour témoin de ce qu'il entreprendroit
qu'une femme à demi morte de frayeur, il ferme la porte
en dedans à double tour, & fait ouvrir toutes les armoires,
& toutes les gardes-robes; chapeaux, plumes, robes, lin-
ges, tout eft chifonné, bouleverfé, entaffé pêle-mêle. On
met dans un carton l'argent & les effets précieux; on ferme
le carton; on l'entoure d'un ruban. Le Commiffaire met un
cachet fur les bouts du ruban; il exige que la Comteffe de
Caglioftro en faffe autant avec un cachet repréfentant une tête.
En vain demande-t-elle la permiffion d'y appofer fon cachet ordinaire, gravé avec plus de foin & plus de détails,
& par cela plus difficile à contrefaire, le Commiffaire s'ob-
ftine, & la Comteffe de Caglioftro eft obligée de mettre

fur le carton, qui eft fuppofé contenir toute ma fortune, l'empreinte du cachet que le Commiffaire a choifi.

On ne met point de fcellés; on laiffe les clefs tant aux armoires qu'au fecrétaire; on ferme l'appartement. Ma femme eft portée dans un Fiacre; trois hommes de la Police y montent avec elle; on l'emmene à la Baftille, & l'on remet au fieur de Launay, Gouverneur de cette prifon, le carton avec les clefs de l'appartement.

Le lendemain 24 Août, la Comteffe de Caglioftro eft interrogée par M. le Lieutenant de Police, affifté du Commiffaire Chefnon, on lui repréfente le carton; on l'ouvre devant elle; on lui fait quelques queftions fur les diamants qui s'y trouvent; puis on le referme de la même manière.

Le 26 & le 27 je fus interrogé miniftériellement. On fit paffer le carton fous mes yeux. M. le Lieutenant de police vouloit que l'on en fît l'ouverture en ma préfence. Mais le fieur de Launay s'y oppofa, prétendit que cela étoit inutile, dit tout bas à M. le Lieutenant de Police quelques mots que je n'entendis pas, & la fatisfaction de voir ce que le carton renfermoit me fut refufée.

Un prifonnier féqueftré à la Baftille doit ignorer tout ce qui fe paffe au dehors, les nouvelles qui l'intéreffent perfonnellement, comme celles qui n'intéreffent que le Public. Je demandois fans ceffe de celles de ma femme. Je ne fais quel preffentiment me difoit qu'elle partageoit ma captivité. Mes gardiens, quand je les interrogeois, me répondoient, m'affuroient , me juroient, fur leur honneur, fur le nom de Dieu, qu'elle n'étoit point à la Baftille.

J'avois obtenu la permiffion de lui écrire des lettres qui paffoient fous les yeux de l'Etat Major. On y joignit celle de recevoir des réponfes ; &, pour nourrir mon illufion, voici ce qu'on imagina.

La Comteffe de Caglioftro, comme on peut le penfer, défiroit ardemment de recevoir de mes lettres ; cette faveur ne lui fut accordée qu'à condition qu'elle fe prêteroit à une légère fupercherie. Le motif en étoit louable. Il s'agiffoit de m'épargner la douleur de la favoir prifonnière à côté de moi· Elle confentit à ce qu'on exigeoit d'elle.

Ma femme ne fachant pas écrire, une dame de fes amies m'écrivoit, en fon nom, fous la dictée d'un Officier Major, qu'elle étoit tranquille dans fa maifon, qu'elle faifoit des démarches pour moi ; que j'obtiendrois bientôt ma liberté, &c. Cet Officier fe chargeoit de la lettre, la portoit à la Comteffe de Caglioftro qui y mettoit fon cachet, & me la rendoit enfuite.

Si je voulois avoir du linge, des habits, j'écrivois à ma femme ; un Officier Major fe tranfportoit chez moi, ouvroit mes portes & mes armoires en préfence d'un voifin, & m'apportoit ce dont j'avois befoin, avec une lettre qui me faifoit croire que c'étoit ma femme qui me l'envoyoit.

J'obtins, au mois de Février dernier, la permiffion de voir un Confeil, & j'appris, alors pour la première fois, que la Comteffe de Caglioftro avoit été conduite à la Baftille le même jour que moi.

Quelque temps après la diftribution de mon Mémoire, je m'informai des formalités que l'on a coutume d'employer en France pour conferver la fortune des particuliers que l'on emprifonne ; mon Confeil me dit que, dans ce cas, l'on appofoit les fcellés fur les effets de l'emprifonné. Çe mot étoit nouveau pour moi ; je me le fis expliquer ; puis

je

illusion. Et, lors que proſterné devant le Public François ,
j'exprimois, par mes ſanglots, l'excès de ma reconnoiſſance,
ce n'étoient point des remercîments que je lui adreſſois; je
lui faiſois un éternel adieu.

Douze heures s'étoient à peine écoulées depuis ma ſortie
de la Baſtille. Mon imagination nourrie depuis long-temps
d'idées auſſi ſombres que la tour où j'étois renfermé, avoit
peine à ſe prêter au ſpectacle enchanteur qui ſe paſſoit
autour de moi. Ce n'étoit plus cette ſolitude effrayante ,
ce ſilence de mort rarement troublé par le bruit terrible
des clefs & des verrous; un appartement agréable, que la
comparaiſon me faiſoit voir ſuperbe, renfermoit les objets
les plus chers à mon cœur, ma femme & mes amis. Ils me
regardoient ; ils s'embraſſoient entre eux. Alternativement
ſerré dans leurs bras, je recevois & je rendois les plus
tendres careſſes. Des larmes de joie couloient de
tous les yeux. Le calme régnoit dans tous les cœurs. Un
inconnu ſe préſente ; il entre effrontément, ſans ſe faire
annoncer ; ſon regard étoit ſiniſtre ; un ſourire malin faiſoit grimacer ſon viſage. Je reconnus ce même des Brunières, qui avoit été chargé de l'expédition du 23 Août,
& qui s'en étoit ſi loyalement acquitté « *De la part du Roi* »,
dit-il ; à ce mot chacun frémit. Il tire un papier de ſa
poche, me le donne; je lis; je crois m'être trompé ; je
relis encore ; je vois qu'il m'eſt ordonné de ſortir de Paris ,
ſous vingt-quatre heures , & du Royaume, *ſous trois ſemaines* ,
avec défenſes d'y rentrer dans quelque temps & ſous quelque prétexte que ce ſoit, à peine de déſobéiſſance.

Je ne décrirai point l'effet qu'a produit dans le Public
cet ordre auſſi terrible qu'inattendu ; mais, s'il m'eſt permis

C

de juger de tous les François par la foule de ceux que le défir de me voir a fait trouver fur mon paſſage , je puis dire que ma cataſtrophe particulière a eu tous les caractères d'une calamité générale.

Quoi qu'il en foit, impatient de prouver mon refpect & ma foumiſſion aux volontés d'un Souverain qui me permit, pendant fix ans entiers, de faire du bien dans fon royaume, je n'ai pas cru devoir attendre l'expiration du bref délai qui m'étoit accordé. J'ai quitté Paris dans la matinée du Samedi trois Juin, laiſſant à ma femme & à més amis le foin d'arranger mes affaires. En attendant, je me fuis réfugié à Paſſy, dans une chambre garnie, où j'ai refté renfermé pendant neuf jours, fans mé permettre une feule fois le plaifir de la promenade, dans la crainte d'exciter, par ma préfence, une fenfation qui auroit pu déplaire au Gouvernement.

Le mardi 13 au matin, je me fuis rendu à Saint-Denys, à l'Auberge de l'*Epée Royale*, où m'attendoit la fidelle & trop malheureufe compagne de mes peines. Mes amis, mes bons amis raſſemblés autour de moi m'ont fait oublier, quelques inftants, la rigueur de mon fort. Il a fallu enfin m'arracher de leurs bras; j'avois montré de la fermeté jufqu'alors; mon courage m'a abandonné dans ce cruel moment. J'ai fenti ce que mes ennemis m'enlevoient, & j'ai gémi fur la grandeur de ma perte. Eh! qui peut, en effet, me dédommager de ce que je laiſſe en France? Où pourrai-je retrouver cette foule d'amis dignes, en effet, de ce nom facré, qui ne fe font jamais montrés plus vrais & plus zèlés qu'au moment où le malheur eft venu fondre fur moi.

Nous fommes partis de Saint-Denys ma femme & moi, le même jour à cinq heures du foir. Nous avons trav rfé la ville à travers deux haies d'habitans. Ils gardoient le plus profond filence ; mais l'intérêt touchant, & la douce pitié étoient peints fur leurs vifages. Puiffent-ils avoir lû fur le mien les fentiments déchirants dont j'étois pénétré, en quittant la Nation la plus douce, la plus fenfible, la plus éclairée, la plus digne d'être heureufe !

LE Roi eft obéi ; j'ai mis la mer entre la France & moi ; mais j'emporte du moins dans mon malheur la certitude confolante que quelques puiffants que foient les ennemis qui me perfécutent, leurs efforts n'empêcheront pas la Vérité de parvenir jufqu'au Trône, quand le jour terrible de la Juftice fera enfin venu.

Peu de momens avant que de recevoir la fignification des ordres du Roi, le fieur de Launay m'avoit fait paffer une copie de la quittance détaillée que j'avois fignée la veille ; on fent parfaitement combien il me feroit difficile de donner la lifte des objets qu'on pouvoit avoir fouftraits du carton, n'ayant point été dreffé de Procès-verbal de ceux que l'on y avoit renfermés.

Tout ce que je puis affirmer dans mon âme & confcience, c'eft que j'avois dans mon fecrétaire, à l'inftant de l'enlévement de ma perfonne, quinze rouleaux de 50 doubles louis, 1,233 fequins, 24 quadruples d'Efpagne, 47 billets de caiffe de 1,000 livres, & des papiers d'une telle importance pour moi, que la Providence divine peut feule me dédommager de leur perte.

A l'égard des diamants & des bijoux, nous en avions une

fi grande quantité qu'il nous feroit impoffible de dire au jufte ce qui nous manque. Tout ce que ma mémoire me rappelle dans ce moment ci, c'eft qu'il y a une paire de braffelets entourés de diamants qui ne s'eft pas retrouvée.

Je puis en outre certifier que, pendant le temps de ma détention, il a été fouftrait de chez moi pour une fomme confidérable d'argenterie, de porcelaine, de linge, &c.

Dans ces circonftances, j'ai cru, quoique exilé de la France, devoir demander juftice dans les Tribunaux François & intenter l'Action que je m'étois réfervé de former par les Conclufions portées en ma Requête d'Atténuation.

Mes confeils m'avoient affuré que j'étois en droit de prendre la voie criminelle, mais j'ai préféré la voie civile, comme plus douce & plus conforme au fyftême de modération dont je ne me fuis jamais écarté.

En conféquence, par exploit du 21 Juin, préfent mois, j'ai fait affigner au Châtelet de Paris, tant le Commiffaire Chefnon, fils, que le fieur de Launay, pour fe voir condamner conjointement & folidairement ou, en tout cas, celui d'entr'eux qui fuccomberoit à me reftituer ou à me faire reftituer, 1º. quinze rouleaux de 50 doubles louis chaque, cachetés de mon cachet. 2º. 1,233 fequins, tant Vénitiens que Romains. 3º. Un rouleau de 24 quadruples d'Efpagne, cacheté de mon cachet. 4º. 47 Billets de la caiffe d'efcompte de 1000 liv. chaque ou, en tous cas, la fomme de 100,000 l. pour la valeur defdits objets, avec les intérêts de ladite fomme, aux offres que je faifois d'affirmer fous la Religion du ferment, que l'Etat figné de moi le 27 Février précédent eft fincère & véritable, & que j'avois en effet, lors de l'enlévement de ma perfonne les objets ci-deffus renfermés dans mon fecrétaire, laquelle affirmation je ferois par Procureur, attendu les ordres exiftans contre moi.

Se voir condamner en fecond lieu à me reftituer ou à me faire reftituer les différents papiers étant dans un porte-feuille verd qui fe trouvoit dans mon fecrétaire, autres que les 47 bilets de caiffe ci-deffus mentionnés, ou la fomme de 50,000 liv., à laquelle je voulois bien me reftreindre pour mes dommages & intérêts foufferts & à fouffrir à cet égard, aux offres que je faifois d'affirmer comme deffus que lefdits papiers avoient pour moi une valeur inappréciable.

Se voir, en outre, ledit Me Chefnon, condamner en 50,000l. de dommages & intérêts réfultants, tant de la manière vexatoire dont l'ordre du Roi avoit été exécuté, que des préjudices immenfes que j'avois foufferts par le défaut d'appofition de fcellés, & par le défaut de procès-verbal de defcription de l'argent comptant, billets de caiffes, papiers & autres effets enlevés de ma maifon.

Tous lefquels dommages & intérêts feroient, de mon confentement, appliqués au pain des pauvres prifonniers du Châtelet.

Se voir enfin ledit Me Chefnon, & ledit fieur de Launay condamnés chacun à leur égard aux dépens.

M O Y E N S.

Les lettres de cachet font un reméde extrême, utile peut-être dans quelques circonftances bien rares, mais dont on abufe trop fouvent. Les lettres de cachet font hors de la loi. Le Prince, en les fignant, exerce une Dictature momen-tanée; mais les abus auxquels elles peuvent donner lieu rentrent fous l'empire de la loi. Ces abus font de deux fortes, abus dans l'obtention, abus dans l'exécution.

La fublimité du rang ne permettant à la Vérité de parvenir au trône que par des bouches intermédiaires, fouvent intéreffées à la déguifer, c'eft un malheur attaché à la condition des Rois, que de prendre fouvent l'erreur pour la vérité. La poffibilité d'être trompé s'augmentant en raifon de la puiffance de l'Empire & de la Majefté du Souverain, il arrive néceffairement que le premier Potentat de l'Europe doit être auffi le plus éloigné de la Vérité.

Les Rois de France, dans la plupart des Ordonnances qu'ils ont faites pour le bien de leur Royaume, & notamment dans l'Ordonnance de Blois, ont reconnu avec autant de franchife que de nobleffe que l'on pouvoit, par furprife ou par importunité, obtenir d'eux des Lettres clôfes, & ont défendu aux Juges d'y avoir égard.

Tous les jours, il arrive que des folliciteurs de lettres de cachet font pourfuivis dans les Tribunaux, & condamnés en des réparations, & en des dommages & intérêts envers ceux fur la tête defquels ils avoient provoqué des coups d'Autorité.

Mais, s'il eft vrai que l'abus dans l'obtention des lettres de cachet foit foumis à la cenfure des Tribunaux, il en doit être de même, à plus forte raifon, de l'abus dans l'exécution.

Lorfque le Roi figne un ordre, cet ordre paffe de mains en mains jufques dans celles de l'Officier fubalterne chargé de l'exécuter. Si ce dernier manque à fon devoir, s'il fe rend coupable ou de négligence ou de barbarie, le foin de le punir appartient fans conteftation aux tribunaux qui rendent la juftice, au nom du Roi.

La compétence des Juges devant lefquels j'ai porté ma réclamation, étant une fois démontrée, il ne me fera pas

difficile d'établir la légitimité des demandes que j'ai for-
mées.

JE demande en premier lieu que le Commiffaire Chefnon & le fieur de Launay , Gouverneur de la Baftille,
foient condamnés conjointement & folidairement à me reftituer les 100,000 liv. que j'avois dans mon fecrétaire lors
de mon enlévement, ou qu'en tous cas, celui d'entr'eux
qui fuccombera, y foit condamné.

Pour obtenir ce premier chef de Conclufions, j'ai trois
chofes à établir :

La 1ere, que j'avois en effet 100,000 l. dans mon fecrétaire.

La 2me, que ces 100,000 liv. ne m'ont point été rendues.

Et la troifiéme enfin, que, fi ces 100,000 liv. ne font
plus aujourd'hui dans ma poffeffion, c'eft par la faute du
Commiffaire, ou par la faute du Gouverneur, ou par la
faute de tous les deux.

1º. J'avois 100,000 liv. dans mon fecrétaire, le jour de
l'enlévement de ma perfonne.

On n'exigera pas, fans doute, que j'établiffe le fait par
une preuve teftimoniale ; un citoyen paifible dans fa maifon , qui, n'ayant rien à fe reprocher, dort en paix fous
la protection des Loix, n'appelle pas tous les jours deux
témoins pour conftater l'état de fon coffre-fort. J'aurois
été fûr d'être arrêté, que j'aurois encore cru cette pré-
caution, non feulement inutile, mais même injurieufe à la
Nation qui m'accorda l'hofpitalité.

Dira-t-on que le fait que j'avance eft invraifemblable ?
A qui le perfuadera-t-on ? Je ne révélerai point ici les
dépenfes fecrétes que mes facultés m'ont mis à portée de

faire ; je ne parle que de ma dépenſe apparente. Or tous ceux qui m'ont connu, peuvent dire ſi, depuis que je ſuis en France , j'ai dépenſé viſiblement moins de 100,000 l. par an. Eſt-il donc étonnant qu'un homme, qui n'eſt pas dans l'uſage de faire valoir ſon argent, ait devant lui une année de ſon revenu ?

Au ſurplus , je me ſoumets d'affirmer ſous la religion du ſerment, la ſincérité de l'Etat déjà certifié de moi. C'eſt, ſans doute, tout ce que la Juſtice a le droit d'exiger. On n'imaginera jamais que , pour une ſomme de 100,000 liv., le Comte de Caglioſtro voulût ſe parjurer aux yeux de toute l'Europe.

Mes Adverſaires prétendroient-ils que c'eſt à eux, comme Défendeurs, que le ſerment doit être déféré. Je leur répondrois qu'en général le principe eſt vrai ; mais que dans l'eſpéce, l'application en ſeroit vicieuſe. Pourquoi, dans l'uſage, le ſerment eſt-il ordinairement déféré au Défendeur ? C'eſt que , toutes choſes égales d'ailleurs, la préſomption légale eſt en faveur du Défendeur. Cela eſt ſi vrai que , lorſque le Défendeur eſt un homme repris de Juſtice ou mal-famé, l'on défère le ſerment au Demandeur. La même choſe arrive lorſque le Demandeur a pour lui un commencement de preuve. Ces exceptions n'ont lieu que par ce que , dans ces différents cas, la préſomption légale eſt en faveur du Demandeur. Ce n'eſt donc dans la vérité ni au Demandeur ni au Défendeur, que le ſerment doit être déféré, mais à celui du Demandeur ou du Défendeur qui aura en ſa faveur la préſomption légale.

Cela poſé , examinons, dans l'eſpéce , de quel côté eſt la préſomption légale ; qui , de mes Adverſaires ou de moi, mérite le mieux la confiance de la Juſtice.

Ne

Ne voulant ni me glorifier ni bleffer l'amour-propre de qui que ce foit, je ferai abftraction des différences qui peuvent fe trouver entre nous, du côté de la naiffance, de l'éducation, des principes & des occupations. Ce fera dans l'affaire même que je puiferai les motifs qui doivent porter le Tribunal, à me déférer le ferment, par préférence à mes Adverfaires.

Plus j'en examine les circonftances, moins je vois quel reproche on pourroit avoir à me faire.

J'ai livré au Commiffaire la clef de mon fecrétaire; mais le Commiffaire me l'avoit ordonné. Pouvois-je lutter contre la force? Devois-je défobéir à celui qui étoit chargé de faire exécuter les ordres du Roi?

Je n'ai point requis le Commiffaire d'appofer les fcellés en ma préfence. Mais, d'abord, j'étois étranger; je n'avois jamais eu d'affaire en France, & j'ignorois ce que c'étoit qu'un fcellé. En fecond lieu, le Commiffaire ne m'avoit point dit qu'il fût queftion d'aller à la Baftille; il m'avoit dit, feulement, qu'il avoit ordre de me conduire chez M. le Lieutenant de Police; &, pour m'entretenir dans mon erreur, il m'avoit fait prendre, fur le boulevard, le chemin qui conduit chez ce Magiftrat. En troifiéme lieu, le Commiffaire m'avoit donné fa parole d'honneur qu'il n'y avoit aucun ordre contre la Comteffe de Caglioftro. Je devois donc croire que je laiffois mon argent & mes papiers à la garde de ma femme. Annoncer de la défiance, prendre des précautions, c'eût été de ma part, faire au Commiffaire une infulte grave, & j'en étois incapable.

Ma femme n'a point requis le Commiffaire d'appofer les fcellés; elle ne l'a point requis de dreffer un Procès-verbal de defcription de l'argent & des effets qu'il emportoit. Mais doit-on me rendre refponfable de ce que ma femme n'a pas fait? Ma femme fçavoit-elle ce que c'étoit qu'un fcellé, ce que c'étoit qu'un Procès-verbal? Pouvoit-elle agir fans mon autorifation? D'ailleurs n'étoit-elle pas trompée comme moi? Pouvoit-elle penfer que l'on m'eût conduit à la Baftille, lorfqu'elle m'avoit vu prendre le chemin diamétralement oppofé? Ne lui avoit-on pas affuré que j'étois allé chez M. le Lieutenant de Police? Et n'étoit-ce pas chez ce Magiftrat qu'elle-même devoit-être conduite?

Je n'ai point fait conftater légalement la non-appofition de fcellés; je n'ai point fait vérifier légalement s'il fe trouvoit ou non de l'argent & des papiers dans mon fecrétaire. Ai-je pu le faire? Ce n'eft qu'au bout de 6 mois que je fuis parvenu à favoir que ma femme étoit prifonnière comme moi? Auffi-tôt que je l'ai fu, n'ai-je pas préfenté ma Requête au Parlement, à l'effet de faire appofer dans le jour les fcellés dans ma maifon, avec defcription fur les papiers & fur l'argent qui pouvoient s'y trouver? Suis-je refponfable du peu de fuccès que ma requête a obtenu? M'a t'on prévenu, a t'on prévenu mes Confeils, lors de la liberté de mon époufe? Les a t'on prévenus avant d'envoyer à mes Valets les clefs de mon appartement? Que vouloit-on que je fiffe? N'ai-je pas toujours eu les mains liées? Et de toutes les forces majeures, la Baftille n'eft-elle pas la plus grande?

La Juftice n'a donc pas, dans cette affaire, le plus léger reproche à me faire.

En eft-il de même de mes Adverfaires? Et, d'abord, le Commiffaire Chefnon a-t-il rempli les obligations que lui impofoit la commiffion delicate confiée à fon miniftère?

Si, lorſque le Roi donne ordre d'arrêter un Citoyen , il ne s'agiſſoit que de faire un coup-de-main, un Exempt & quelques Sbires ſuffiroient, & la préſence d'un Officier de Juſtice ſeroit entièrement inutile.

Le premier devoir d'un Commiſſaire , chargé de mettre une Lettre de Cachet à exécution, eſt donc de veiller à la conſervation des biens de celui dont la perſonne eſt arrêtée, & d'empêcher qu'il ne ſe commette aucun abus, aucune vexation dans la capture.

Le Commiſſaire Cheſnon exigeroit-il qu'on lui rapportât la Loi à laquelle il eſt contrevenu, en n'appoſant pas les ſcellés dans ma maiſon. Cette prétention de ſa part ſeroit ſouverainement ridicule. Peut - il exiſter une Loi ſur la manière dont les Lettres de Cachet doivent être miſe a exécution ? Si cette Loi exiſtoit, les Lettres de Cachet , reconnues par une Loi, ne ſeroient plus hors de la Loi. Elles ſeroient un Acte légal.

Sans doute , il n'exiſtoit pas de Loi poſitive qui obligeât le Commiſſaire Cheſnon à appoſer les ſcellés dans ma maiſon, à dreſſer un Etat en forme de l'argent, des papiers & des effets précieux dont il s'emparoit, en un mot, à veiller à la conſervation de ma propriété; mais, comme l'uſage doit avoir force de Loi, dans les matières où les Loix ſont muettes, le Commiſſaire Cheſnon n'eſt pas exempt de blâme, ſi, dans l'eſpéce, il exiſtoit un uſage conſtant, & ſi, dans ſa conduite, il s'eſt écarté de cet uſage.

Or, il eſt certain qu'il exiſte à cet égard un uſage conſtant & immémorial fondé ſur la ſaine raiſon & ſur les principes d'équité naturelle; cet uſage conſiſte en ce que,

D 2 .

toutes les fois qu'il exifte un emprifonnement, d'ordre du Roi, le Commiffaire appofe, en préfence du capturé, les fcellés avec defcription fur l'argent, les papiers & les effets précieux, & fans defcription fur le furplus des meubles & effets.

Lorfque le Commiffaire prend fur lui de tranfporter hors de la maifon l'argent, les papiers & les effets précieux, (ce qui n'eft pas régulier) il faut au moins qu'il en dreffe préalablement l'Etat; qu'il le faffe reconnoître & figner par le capturé, & qu'il annexe cet Etat à la minute du Procès-verbal de capture. Mais cette circonftance n'empêche pas qu'il ne doive appofer les fcellés fur le furplus des meubles & des effets.

Si cet ufage s'obferve invariablement lorfqu'il s'agit de l'enlévement d'un Citoyen, qui laiffe après lui des parents, des amis, des Concitoyens difpofés à veiller à la confervation de fa propriété; à combien plus forte raifon doit-il être obfervé à l'égard d'un Etranger, d'un Voyageur qui n'a dans le lieu où il fe trouve, ni liaifons de parenté, ni liaifons de patrie. Le droit d'hofpitalité, plus facile à violer, n'eft-il pas par cela même plus facré, plus inviolable que le droit de Cité ?

Nous venons de voir ce que le Commiffaire Chefnon devoit faire. Voyons maintenant ce qu'il a fait.

1°. Il a négligé d'appofer les fcellés; c'eft un fait conftant; il en eft convenu devant plufieurs perfonnes dignes de foi; &, s'il ofoit le dénier, il me feroit facile d'en faire la preuve.

2°. Il a fait enlever de l'argent comptant, des papiers,

des diamants & des bijoux précieux en très-grand nombre fans en dreffer d'Etat, foit en ma préfence, foit en celle de la Comteffe de Caglioftro.

On défie, à cet égard, le Commiffaire Chefnon de repréfenter ni la minute du Procès-verbal qu'il a du dreffer de cet enlévement, & des motifs qui l'y avoient déterminé, ni l'Etat de ces mêmes effets, figné de ma femme ou de moi, qui a du être annexé à la minute de fon Procès-verbal.

3°. M.ᶜ Chefnon a été témoin du brigandage des Sbires, dont il étoit accompagné; il a vu notamment l'Exempt des Brunières mettre dans fes poches quatre bouteilles de baume, des goûtes, & d'autres médicaments précieux, & il ne s'eft pas mis en peine d'empêcher la dilapidation de mes effets.

4°. Il n'a mis ni prudence, ni modération, ni humanité dans l'exécution des ordres du Roi. Il a fait, contre l'ufage, cette expédition en plein jour. Il m'a refufé de monter dans ma voiture & dans ma cour; il a fouffert que, pendant une partie du chemin, l'Exempt des Brunières & quatre Alguafils me conduififfent à pied, en me tenant par le collet.

5°. Enfin, le Commiffaire Chefnon a fait ce que ne fe permet jamais un homme honnête, fous quelque prétexte que ce foit. Il a trahi la vérité; il l'a trahie, en me difant qu'il avoit ordre de me faire conduire chez M. le Lieutenant de Police; il l'a trahie, en me donnant fa parole d'honneur qu'il n'exiftoit point d'ordre contre ma femme, tandis qu'il avoit dans fa poche l'ordre de la conduire à la Baftille; il l'a trahie enfin, en affurant à la Comteffe de

Caglioftro que M. le Lieutenant de Police la demandoit & qu'il alloit la faire conduire chez lui.

Celui qui, obligé par état d'appofer les fcellés fur les meubles & effets d'un prifonnier, ne les a point appofés ; celui qui a enlevé de la maifon d'un prifonnier, & dans fon abfence, de l'argent comptant, des papiers, des diamants & autres effets précieux, fans en faire la defcription ; celui qui, pouvant empêcher le pillage, en a été le fpectateur indifférent ; celui qui s'eft montré fans pitié & fans humanité envers deux malheureux ; celui enfin qui a pu les tromper, & donner fa parole d'honneur envain, ne mérite pas la confiance de la Juftice. Qu'il foit Demandeur ou Défendeur la préfomption de Droit eft contre lui. Ce n'eft donc pas à lui que le ferment doit être déféré.

A l'égard du fieur de Launay, il a foutenu devant moi qu'il lui avoit été remis un Etat des effets renfermés dans le carton, & il m'a juré fur fa parole d'honneur que cet Etat avoit été mis dans le même carton. Lors de l'ouverture qui en a été faite, il a été conftaté que l'Etat ne s'y trouvoit pas. Il en réfulte de deux chofes l'une, ou que le fieur de Launay à donné fa parole d'honneur trop légèrement, ou qu'il n'a pas gardé avec affez de foin le dépôt confié à fa vigilance, &, dans les deux cas, la préfomption de Droit eft contre lui, & le ferment ne doit pas lui être déféré.

Ce n'eft donc pas à mes Adverfaires, quoique Défendeurs, c'eft à moi, quoique Demandeur, que le ferment doit être déféré, parce que la préfomption eft entièrement en ma faveur & entièrement contre mes Adverfaires.

Ces derniers voudroient-ils infifter encore, effayeroient-ils de mettre en avant des moyens de confidération, pour échapper à la rigueur du Principe ? Diroient-ils que le jugement qui me déféreroit le ferment, ouvriroit une porte aux abus ; qu'il fe trouveroit des prifonniers fans délicateffe, qui fe parjureroient pour fe faire rendre une fortune imaginaire ?

Ce feroit un mal, fans doute ; mais ce feroit un moindre mal que de laiffer aux exécuteurs des ordres du Roi, le droit.de prévariquer impunément.

Quoi ? Il leur fera permis de s'introduire dans une maifon, de déguifer au père de famille le fort qui l'attend ; de diffiper fes inquiétudes par des menfonges impudents ; de lui faire accroire qu'il n'y a point d'ordres contre fa femme & de faire accroire à celle-ci, qu'il n'eft queftion que d'un fimple rendez-vous chez un Magiftrat ! Il leur fera permis de chaffer les voifins, les amis & les domeftiques, d'ôter à la maîtreffe de la maifon, jufqu'à fa Femme-de-Chambre de confiance, de fe barricader dans un appartement, de déplier, chiffonner, bouleverfer, brifer tous les effets, de s'emparer de l'argent, des billets de caiffe, des diamants & des papiers les plus précieux, d'emporter le tout fans en conftater l'état, de mettre dans leurs poches ce qui leur convient, de ne pas appofer de fcellés, de laiffer les armoires ouvertes, d'abandonner tout au pillage ; & lorfqu'enfin le malheureux prifonnier, réintégré dans fa maifon, leur demandera compte de fa propriété, ils en feront quittes pour lui dire : vous n'avez pas le droit de vous plaindre, parce que d'autres que vous, en votre place, pourroient fe parjurer ! D'autres que moi, dites-vous, pourroient fe

parjurer? ah! je crois bien en effet que vous ne me foup-
çonnez pas capable d'un pareil crime. Mais s'il étoit poffible
que quelqu'autre . . . . . Eh bien! malheur à vous par qui
le mal arriveroit! vous en répondriez devant Dieu, & devant les hommes.

Il eft donc prouvé légalement par ma déclaration &
par le ferment auquel je me foumets & qui doit m'être
déféré, que j'avois en ma poffeffion les 100,000 liv. que
je réclame, au moment où le Commiffaire Chefnon s'eft
tranfporté chez moi.

Il me refte maintenant à prouver deux chofes pour établir la légitimité du premier chef de mes conclufions.
L'une, que les 100,000 liv. ne m'ont pas été remifes, &
l'autre, que c'eft par la faute de mes Adverfaires que
j'ai perdu cette portion de ma propriété.

Or je foutiens en premier lieu, que les 100,000 liv.
que je réclame ne m'ont point été rendues.

Lorfque ma femme eft rentrée chez moi, tous les tiroirs
du fecrétaire étoient ouverts; elle n'y a trouvé ni argent
ni billets.

A l'égard des effets que j'ai reçus, lors de ma fortie de
la Baftille, comme j'en ai donné une quittance détaillée,
il fera facile de conftater que je n'ai reçu ni les 47 billets
de caiffe de 1000 liv. ni les 15 rouleaux de 50 doubles
louis, ni les 24 quadruples, ni les 1,233 féquins; on ne m'a
remis que deux rouleaux de 25 doubles louis que l'on
avoit pris dans la commode de ma femme, & quelques
louis qui s'étoient trouvés dans fa bourfe & dans la mienne.

Je foutiens en fecond lieu que c'eft par la faute de l'un
de mes Adverfaires ou par la faute de tous les deux, que les
100,000 liv., dont il s'agit, ne font plus en ma poffeffion.

Ces

Ces 100,000 liv. ont été fouftraites. Par qui l'ont-elles été ? Peu m'importe. Ont-elles été fouftraites du fecrétaire ? Ont-elles été fouftraites du carton ? Peu m'importe encore. Ce qu'il y a de certain, c'eft qu'elles ont été fouftraites ou du fecrétaire ou du carton, & que dans tous les cas, elles l'ont été, ou par la faute de l'un de mes Adverfaires, ou par la faute de tous les deux.

Si les 100,000 liv. ont été fouftraites du fecrétaire, c'eft par la faute du Commiffaire, qui a eu une confiance trop aveugle dans les gens de fa fuite ; qui ne m'a point demandé une déclaration de l'argent & des billets que je poffédois ; qui a laiffé mon fecrétaire ouvert ; & qui a négligé la formalité indifpenfable de l'appofition des fcellés.

Voudroit-on préfumer que la fouftraction auroit été faite pendant le temps qui s'eft écoulé entre la livraifon des clefs aux Domeftiques, & la réintégration de la Comteffe de Caglioftro ; alors la fouftraction feroit arrivée, en partie, par la faute du Commiffaire, & en partie par la faute du Gouverneur qui ne devoit remettre qu'à ma femme en perfonne les clefs dont il étoit dépofitaire.

Les 100,000 ont-elles été fouftraites du carton ? En ce cas, de deux chofes l'une : ou le Commiffaire a dreffé un Procès-verbal, en forme, qui conftate qu'en effet il a laiffé les 100,000 liv. en dépôt entre les mains du Gouverneur, ou il n'en a pas dreffé. Au premier cas, la fomme a été fouftraite par la faute du Gouverneur qui a mal gardé le dépôt ; au fecond cas, elle l'a été en partie par la faute du Gouverneur & en partie par celle du Commiffaire qui n'a pas pris, en confiant le dépôt, les précautions qu'il devoit prendre.

E

Mais s'il eſt vrai que ce ſoit par la faute de mes Adverſaires que j'aie perdu les 100,000 liv. que je réclame, je ſuis certainement en droit de leur en demander la reſtitution. Leur miniſtère étant un miniſtère de rigueur, tous les deux étoient dans le cas d'un dépoſitaire forcé, qui doit répondre de la faute la plus légère. A plus forte raiſon ſont-ils reſponſables d'une faute lourde & groſſière, d'une de ces fautes appellées par le Droit Romain : *culpa lata, culpa dolo proxima.*

Quelque choſe que mes Adverſaires puiſſent dire pour leur défenſe, l'événement ne peut-être douteux pour moi. Je dois obtenir une Sentence de condamnation ou contre l'un, ou contre l'autre, ou contre tous les deux à la fois.

JE demande, en ſecond lieu, à mes Adverſaires la reſtitution de certains papiers infiniment précieux qui ſe trouvoient dans le même porte-feuille verd où étoient auſſi les 47 billets de caiſſe, ou, en tout cas, la ſomme de 50,000 liv. par forme de dommages & intérêts applicables, au pain des pauvres Priſonniers du Châtelet.

Des raiſons particulières m'empêchent, dans ce moment-ci, de m'expliquer d'une manière poſitive ſur la nature de ces papiers ; quant à leur importance, elle eſt telle que je donnerois tout ce que je poſſéde au monde pour les ravoir, & que, comme je l'ai déjà annoncé, la Providence ſeule peut me dédommager de les avoir perdus.

Au ſurplus, quelque ſoit celui qui les poſſéde & qui les retient contre toute Juſtice, je le ſomme devant Dieu de me les reſtituer, & je crains ſi peu l'uſage qu'il en peut faire, que je le défie devant le même Dieu, d'oſer les produire.

Les détails dans lefquels je fuis entré pour juftifier le premier chef de mes conclufions, s'applique également à celui-ci.

Si mes papiers ont été fouftraits, c'eft ou par la faute de Me Chefnon, ou par la faute du fieur de Launay, ou par la faute de tous les deux. Ils doivent donc me les reftituer, ou me les faire reftituer ou, à défaut de ce, être condamnés en mes dommages & intérêts foufferts & à fouffrir ; les Conclufions que j'ai prifes, à cet égard, doivent d'autant moins éprouver de difficulté, que je veux bien me reftreindre à la fomme de 50,000 liv., & que je me foumets en même-temps à affirmer, fous la Religion du ferment, que les Papiers que je réclame, font pour moi d'une valeur inappréciable.

JE demande enfin que Me Chefnon fils foit condamné envers moi, en 50,000 liv. de dommages & intérêts applicables, comme les précédents, au pain des pauvres Prifonniers du Châtelet, réfultants, tant de l'inhumanité avec laquelle il a mis à exécution les ordres du Roi, que des préjudices que j'ai foufferts par le défaut d'appofition de Scellés, & par le défaut de Procès-verbal de defcription de l'argent comptant & des effets enlevés de ma maifon.

Il feroit très-difficile d'apprécier les préjudices que me caufe la négligence inexplicable du Commiffaire Chefnon. Il a été fouftrait de chez moi des bijoux de prix, entr'autres une paire de braffelets entourés de diamants, une quantité prodigieufe de linge, d'argenterie, de porcelaine, de criftaux, de médicaments précieux, &c. En réduifant à 50,000 l. les dommages & intérêts que j'ai droit de prétendre, tant à raison de ces différentes souftractions, qu'à raison des mauvais traitemens qu'il m'a fait éprouver, je ne crois pas demander une fomme trop confidérable.

Chez les Anciens, le lieu que la foudre avoit frappé devenoit un lieu facré, dont on n'approchoit qu'avec une terreur religieufe. Cet emblême fublime du refpeſt dû au Malheur devoit, au défaut de l'Humanité, apprendre au Commiſſaire Chefnon à ne pas ajouter la rigueur à la rigueur, & la peine à la peine. Si le Roi, par des motifs fuprêmes, avoit cru devoir s'aſſurer de ma perfonne & de celle de mon époufe, l'exécuteur de fes ordres devoit fe contenter d'effeſtuer notre emprifonnement, fans abandonner nos biens au pillage. Ce n'étoit pas aſſez à lui de fe conferver les mains pures; il devoit veiller fur celles de la milice infime qu'il commandoit; & la Juſtice le rend aujourd'hui refponfable, non feulement du mal qu'il a fait, mais encore du mal qu'il auroit pu empêcher.

J'ai cru devoir mettre fous les yeux des Magiſtrats & du Public un récit exaſt de la conduite de mes Adverfaires & des événemens que j'avois éprouvés. Dans une affaire qui fera probablement la dernière que j'aurai à foutênir dans les Tribunaux François, j'ai dû ne rien diſſimuler. On a pu voir avec quel acharnement j'ai été traité, & combien peu je l'avois mérité. A Dieu ne plaife que je veuille imputer à toute la nation la malice ou l'erreur de quelques particuliers. Je fuis à plaindre, fans doute, mais le malheur ne me rend point injuſte.

FRANÇOIS, nation vraiment généreufe, vraiment hofpitalière, je n'oublierai jamais ni l'intérêt touchant que vous avez pris à mon fort, ni les douces larmes que vos tranfports m'ont fait répandre. La calomnie & la perfécution s'étoient attachées à mes pas. Tout ce que le cœur humain peut fouffrir de tourmens, le mien l'avoit éprouvé. Un feul jour de gloire & de bonheur m'a dedommagé de mes longues fouffrances. Appellé, défiré, regretté par-tout, j'avois choifi pour demeure le pays que vous habitez; j'y avois fait tout le bien que mes talens & ma fortune m'avoient permis d'y faire. Strafbourg, Bordeaux, Lyon, Paris, vous rendrez témoignage de moi à l'univers; vous direz fi jamais j'offenfai le moindre de vos habitans, vous direz fi la Religion, le Gouvernement & les Loix ne furent pas toujours pour moi un objet facré; & cependant la voix de mes ennemis a prévalu; ils ont trompé le Roi; une lettre d'exil & d'un exil indéfini! Voilà ma récompenfe, voilà le dédommagement qui m'attendoit. Je fuis chaffé de la France. Habitans de cette heureufe contrée, peuple aimable & fenfible recevez les adieux d'un infortuné digne peut être de votre eftime & de vos regrets. Il eft parti, accoutumé à fe foumettre, fans murmure, aux volontés des Rois. Il eft parti, mais fon cœur eft refté parmi vous. Quelque region qu'il habite, croyez qu'il fe montrera conftament l'ami du nom François. Heureux, fi les malheurs qu'il éprouva dans votre Patrie ne retombent que fur lui feul, & fi l'exemple d'un Etranger injuftement opprimé, n'éloigne pas les voyageurs de vos fuperbes cités.

Signé, LE COMTE DE CAGLIOSTRO.

Me THILORIER, Avocat.

GERVAIS, Procureur.

M DCC LXXXVI.

www.ingramcontent.com/pod-product-compliance
Lightning Source LLC
LaVergne TN
LVHW051333200726
843510LV00002B/621